Dieser Band enthält – links russisch, rechts deutsch – den Text der Rede, die Alexander Solschenizyn (* 1918) bei der Überreichung des Nobelpreises 1970 gehalten hätte, wenn es zu dem feierlichen Akt gekommen wäre.

Die Rede ist im ersten Sinn ein Appell an die Schriftsteller der Welt, den einander fremden Nationen Auskünfte zu geben und über die Grenzen hinweg an einem gemeinsamen humanistischen Wertmaßstab zu arbeiten.

Im zweiten Sinn ist Solschenizyns Rede selber Auskunft: Über das Elend der nicht linientreuen russischen Schriftsteller während der Stalin-Ära; über die Gefangenschaft; über das Überleben; über Isolation und Bedrohung heute.

Im dritten Sinn ist die Rede eine Zurechtweisung solcher Hörer oder Leser, die aus dieser Auskunft etwa folgern möchten, der Maßstab des westlichen Lebens sei die Hoffnung der Menschheit.

Politisch-parteilich praktikabel ist Solschenizyns Nobelpreis-Rede nicht. Formal ist sie unperfekt, sperrig. Sie klingt erstaunlich konservativ, streckenweise pathetisch bis zum liturgischen Gestus. Sie hat die Würde eines menschlichen und geschichtlichen Dokuments. Sie enthält Gedanken und Bilder, die jeden die Zukunft suchenden Erdenbürger betreffen und betroffen machen.

dtv zweisprachig · Edition Langewiesche-Brandt

Александр Солженицын
Нобелевская лекция по литературе 1970 года

Alexander Solschenizyn
Nobelpreis-Rede über die Literatur 1970

dtv

Deutscher Taschenbuch Verlag

Übersetzung: Helmuth Dehio

Deutscher Taschenbuch Verlag GmbH & Co. KG München
1. Auflage Oktober 1973. 17.–32. Tausend April 1974

Umschlaggestaltung: Celestino Piatti
Gesamtherstellung: Kösel, Kempten
Printed in Germany. ISBN 3-423-09088-x

Отчего же зинула эта пропасть? Бесчувственны ли были мы? Бесчувственен ли мир? Или это — от разницы языков? Отчего не всякую внятную речь люди способны расслышать друг от друга?

Wodurch hat sich dieser Abgrund aufgetan? Waren wir verständnislos? War die Welt verständnislos? Oder lag es an der Verschiedenheit der Sprachen? Warum ist der Mensch nicht fähig, jegliche vernehmbare Rede eines anderen zu verstehen?

1

Как тот дикарь, в недоумении подобравший странный выброс ли океана? захоронок песков? или с неба упавший непонятный предмет? — замысловатый в изгибах, отблескивающий то смутно, то ярким ударом луча, — вертит его так и сяк, вертит, ищет, как приспособить к делу, ищет ему доступной низшей службы, никак не догадываясь о высшей.

Так и мы, держа в руках Искусство, самоуверенно почитаем себя хозяевами его, смело его направляем, обновляем, реформируем, манифестируем, продаем за деньги, угождаем сильным, обращаем то для развлечения — до эстрадных песенок и ночного бара, то — затычкою или палкою, как схватишь, — для политических мимобежных нужд, для ограниченных социальных. А искусство — не оскверняется нашими попытками, не теряет на том своего происхождения, всякий раз и во всяком употреблении уделяя нам часть своего тайного внутреннего света.

Но охватим ли в е с ь тот свет? Кто осме-
6 лится сказать, что ОПРЕДЕЛИЛ Искус-
7 ство? перечислил все стороны его? А мо-

1

Wie der Wilde, der staunend etwas aufgelesen hat – einen seltsamen Auswurf des Ozeans? etwas im Sande Begrabenes? oder ein vom Himmel gefallenes unbegreifliches Ding? – sonderbar kantig geformt und im Licht bald matt schimmernd, bald grell aufblitzend – wie er es hin und her dreht, umdreht und probiert, wozu es wohl zu brauchen sei, nach einer ihm verständlichen einfachen Verwendung suchend, und auf keine Weise seinen höheren Zweck erratend.

So auch wir, die wir die Kunst in Händen halten, uns selbstgefällig als ihre Herren betrachten, sie dreist ausrichten, erneuern, reformieren, manifestieren, für Geld verkaufen, den Mächtigen andienen; oder sie umwandeln, manchmal nur zur Unterhaltung, bis zu Schlagern für Bühnen und Nachtbars, manchmal auch – dazu gestoßen oder geprügelt, wie es sich trifft – für einen vergänglichen politischen oder einen begrenzten sozialen Zweck.

Die Kunst läßt sich freilich durch unsere Hantierungen nicht erniedrigen, sie verliert dabei nichts von der Würde ihrer Herkunft, und läßt uns stets und in jeder Anwendung etwas zuteil werden von ihrem geheimnisvollen inneren Licht.

Aber erfassen wir dieses Licht *ganz*? Wer würde zu behaupten wagen, er habe die Kunst *definiert*, alle ihre Erscheinungsformen aufgezählt? Vielleicht hat schon

жет быть уже и понимал, и называл нам в прошлые века, но мы недолго могли на том застояться: мы послушали, и пренебрегли, и откинули тут же, как всегда спеша сменить хоть и самое лучшее — а только бы на новое! И когда нам снова скажут старое, мы уже и не вспомним, что это у нас было.

Один художник мнит себя творцом независимого духовного мира, и взваливает на свои плечи акт творения мира, населения его, объемлющей ответственности за него — но подламывается, ибо нагрузки такой не способен выдержать смертный гений; как и вообще человек, объявивший себя центром бытия, не сумел создать уравновешенной духовной системы. И если овладевает им неудача — валят ее на извечную дисгармоничность мира, на сложность современной разорванной души или непонятливость публики.

Другой — знает над собой силу высшую и радостно работает маленьким подмастерьем под небом Бога, хотя еще строже его ответственность за все написанное, нарисованное, за воспринимающие души. Зато: не им этот мир создан, не им управляется, нет сомненья в его основах, худож-

in früheren Zeiten einer sie verstanden und benannt, doch wir sind nicht lange dabei geblieben: wir haben es gehört, wir haben es gering geachtet und wir haben es gleich verworfen, wie wir immer schnell dabei sind, auch das Allerbeste fahren zu lassen, wenn es nur etwas Neues dafür gibt. Und spricht man uns wieder vom Alten, so erinnern wir uns gar nicht mehr, daß es schon dagewesen war.

Der eine Künstler hält sich für den Schöpfer einer unabhängigen geistigen Welt und belädt seine Schultern mit der Aufgabe, diese Welt zu erschaffen, zu bevölkern und ganz und gar für sie verantwortlich zu sein; darunter bricht er zusammen, denn eine Last wie diese zu tragen ist kein sterblicher Genius fähig; wie überhaupt der Mensch, der sich zum Mittelpunkt des Seins erklärte, nicht mehr imstande war, ein ausgewogenes geistiges System zu schaffen. Wenn der Mißerfolg ihn überwältigt, wird die Schuld auf die ewige Disharmonie der Welt geschoben, auf die Kompliziertheit unserer heutigen zerrissenen Seele oder auf den Unverstand des Publikums.

Ein anderer Künstler erkennt die höhere Kraft über sich und arbeitet freudig als kleiner Handwerker unter dem Himmel Gottes; dabei trägt er noch ernstere Verantwortung für alles, was er schreibt und zeichnet, wie auch für die empfangenden Seelen. Denn: nicht von ihm ist diese Welt erschaffen, nicht von ihm wird sie regiert, an ihren Grundlagen gibt es keinen Zweifel; dem Künstler

нику дано лишь острее других ощутить гармонию мира, красоту и безобразие человеческого вклада в него — и остро передать это людям. И в неудачах и даже на дне существования — в нищете, в тюрьме, в болезнях, ощущение устойчивой гармонии не может покинуть его.

Однако вся иррациональность искусства, его ослепительные извивы, его непредсказуемые находки, его сотрясающее воздействие на людей — слишком волшебны, чтоб исчерпать их мировоззрением художника, замыслом его или работой его недостойных пальцев.

Археологи не обнаруживают таких ранних стадий человеческого существования, когда бы не было у нас искусства. Еще в предутренних сумерках человечества мы получили его из Рук, которых не успели разглядеть. И не успели спросить: *зачем* нам этот дар? как обращаться с ним?

И ошибались, и ошибутся все предсказатели, что искусство разложится, изживет свои формы, умрет. Умрем — мы, а оно — останется. И еще поймем ли мы до нашей гибели все стороны и все назначенья
10 его?

11 Не всё — называется. Иное влечет даль-

ist nur gegeben, deutlicher als andere die Harmonie der Welt zu empfinden, auch die Schönheit und die Häßlichkeit des menschlichen Beitrags zu ihr, und dies den Menschen richtig zu übermitteln. Selbst im Mißerfolg, selbst auf dem tiefsten Boden der Existenz – in Bettelarmut, im Gefängnis, in Krankheit – wird ihn die Empfindung dieser unzerstörbaren Harmonie nicht ganz verlassen.

Doch die ganze Irrationalität der Kunst, ihre blendenden Erscheinungsformen, ihre unvorhersehbaren Erleuchtungen, ihre erschütternde Wirkung auf die Menschen – sind so geheimnisvoll, daß sie auch mit dem Weltverständnis des Künstlers nicht ausgeschöpft werden, auch nicht durch sein Werk, durch die Arbeit seiner unwürdigen Hände.

Die Archäologen entdecken keine Frühzeit menschlicher Existenz, in der wir nicht schon eine Kunst gehabt hätten. Bereits im frühesten Morgendämmern der Menschheit haben wir sie empfangen aus Händen, die wir nicht zu erkennen vermochten. Wir waren noch nicht reif, die Frage zu stellen: *Wozu* wurde uns dies Geschenk gemacht, und wie sollen wir damit umgehen?

Alle Zukunftdeuter haben sich geirrt und werden sich weiter irren darin, daß die Kunst verfallen, ihre lebendigen Formen verlieren, sterben werde. Sterben werden wir, sie aber wird bleiben. Ob wir wohl bis zu unserem Ende alle ihre Erscheinungen und alle ihre Bedeutungen erfassen können?

Nicht alles kann benannt werden. Manches reicht

ше слов. Искусство растепляет даже захоложенную, затемненную душу к высокому духовному опыту. Посредством искусства иногда посылаются нам — смутно, коротко, такие откровения, каких не выработать рассудочному мышлению.

Как тó маленькое зеркальце сказок: в него глянешь и увидишь — не себя — увидишь на миг Недоступное, куда не доскакать, не долететь. И только душа заныает...

2

Достоевский загадочно обронил однажды: «Мир спасёт красота». Что это? Мне долго казалось — просто форма. Как бы это возможно? Когдá в кровожадной истории, кого и от чего спасала красота? Облагораживала, возвышала — да, но кого спасла?

Однако есть такая особенность в сути красоты, особенность в положении искусства: убедительность истинно-художественного произведения совершенно неопровержима и подчиняет себе даже противящееся сердце. Политическую речь, напо-

über Worte hinaus. Die Kunst erwärmt sogar eine erkaltete, verdunkelte Seele zu einer höheren geistigen Erfahrung. Durch die Kunst werden uns manchmal – andeutungsweise und für Augenblicke – Offenbarungen zuteil, wie sie der denkende Verstand nie erarbeiten kann.

So wie der kleine Spiegel im Märchen: man schaut hinein und erblickt – nicht sich selbst; man erblickt für einen Augenblick das Unzugängliche, das man nicht stürmend und nicht fliegend erreichen kann. Und die Seele verzehrt sich in Sehnsucht...

2

Dostojewskij hat einmal das rätselhafte Wort hingeworfen: «Die Schönheit wird die Welt erlösen.» Was heißt das? Mir erschien es lange Zeit einfach als eine Phrase. Wie sollte das möglich sein? Wann in unserer blutrünstigen Geschichte und wem hat die Schönheit Erlösung gebracht, und wovon? Sie konnte begütigen, erheben, ja; aber wen hat sie erlöst?

Freilich liegt etwas Besonderes im Wesen der Schönheit, und etwas Besonderes in der Stellung der Kunst: die Überzeugungskraft eines wahrhaft künstlerischen Werkes ist ganz unabweisbar und sie unterwirft sich sogar ein widerstrebendes Herz. Eine politische Rede, einen polemischen Text, ein Programm für das soziale Leben,

ристую публицистику, программу социальной жизни, философскую систему можно по видимости построить гладко, стройно и на ошибке, и на лжи; и что́ скрыто, и что́ искажено — увидится не сразу. А выйдет на спор противонаправленная речь, публицистика, программа, иноструктурная философия — и всё опять так же стройно и гладко, и опять сошлось. Оттого доверие к ним есть — и доверия нет.

Попусту твердится, что к сердцу не ложится.

Произведение же художественное свою проверку несет само в себе: концепции придуманные, натянутые, не выдерживают испытания на образах: разваливаются и те и другие, оказываются хилы, бледны, никого не убеждают. Произведения же, зачерпнувшие истины и представившие нам ее сгущенно-живой, захватывают нас, приобщают к себе властно — и никто, никогда, даже через века, не явится их опровергать.

Так может быть это старое триединство Истины, Добра и Красоты — не просто парадная обветшалая формула, как казалось нам в пору нашей самонадеянной материалистической юности? Если вершины этих трех дерев сходятся, как утверждали ис-

ein philosophisches System kann man zum Schein glatt und ebenmäßig gestalten, auch auf Fehlern, auf Lügen aufgebaut; was dabei verdeckt und was verbogen ist, wird nicht leicht erkennbar.

Tritt nun eine entgegengesetzte Rede, ein Gegen-Text, ein anderes Programm oder eine Philosophie von anderer Struktur dagegen auf, so erscheint wiederum alles ebenmäßig und glatt und schlüssig. Und man hat Vertrauen – und doch kein Vertrauen.

Ein Wort, das nicht zum Herzen spricht, / hat kein Gewicht.

Das Kunstwerk dagegen trägt sein Prüfmaß in sich selbst: ausgeklügelte oder überspannte Entwürfe halten der Prüfung am Kunstwerk nicht stand; die einen wie die anderen zerfallen, erweisen sich als falsch, als blaß und ohne Überzeugungskaft.

Aber Werke, die aus der Wahrheit schöpfen und sie uns verdichtet und lebendig vor Augen führen, ergreifen uns, ziehen uns mächtig an – und niemals, auch nach Jahrhunderten nicht, wird man sie widerlegen können.

Ist also die alte Dreieinigkeit des Wahren, des Guten und des Schönen doch nicht einfach eine abgedroschene Parade-Formel, als die sie uns in unserer selbstherrlich materialistischen Jugendzeit erschien? Wenn die Wipfel dieser drei Bäume zusammenwachsen, wie die Gelehrten behauptet haben, und wenn dabei vielleicht

следователи, но слишком явные, слишком прямые поросли Истины и Добра задавлены, срублены, не пропускаются, — то может быть причудливые, непредсказуемые, неожидаемые поросли Красоты пробьются и взовьются В ТО ЖЕ САМОЕ МЕСТО, и так выполнят работу за всех трех?

И тогда не обмолвкою, но пророчеством написано у Достоевского: «Мир спасёт красота»? Ведь ЕМУ дано было многое видеть, озаряло его удивительно.

И тогда искусство, литература могут на деле помочь сегодняшнему миру?

То немногое, что удалось мне с годами в этой задаче разглядеть, я и попытаюсь изложить сегодня здесь.

3

На эту кафедру, с которой прочитывается Нобелевская лекция, кафедру, предоставляемую далеко не всякому писателю и только раз в жизни, я поднялся не по трем-четырем примощенным ступенькам, но по сотням или даже тысячам их — неуступным, обрывистым, обмёрзлым, из тьмы и холода, где было мне суждено уцелеть, а

einige allzu sichtbare, zu gerade Schößlinge des Wahren und Guten weggedrückt, abgeschnitten, nicht durchgelassen werden – könnten dann nicht möglicherweise wunderbare, nicht vorherzusehende, unerwartete Schößlinge der Schönheit aufwachsen und sich emporranken *bis an die gleiche Stelle*, um für alle drei die Aufgabe zu erfüllen?

Und würde es dann nicht bei Dostojewskij keineswegs als Redensart, sondern als Weissagung heißen: «Die Schönheit wird die Welt erlösen»? Denn *ihm* war es gegeben, viel zu sehen, erstaunliche Erleuchtungen zu haben.

Und könnte so die Kunst, die Literatur, tatsächlich der heutigen Welt zur Hilfe werden?

Das Wenige, was mir im Laufe der Jahre an dieser Aufgabe erkennbar wurde, möchte ich versuchen heute hier vorzutragen.

3

Auf dieses Katheder, von dem aus der Nobel-Vortrag gehalten wird, ein Katheder, das längst nicht jedem Schriftsteller, und wenn, dann nur einmal im Leben zur Verfügung gestellt wird, bin ich nicht über drei, vier recht und schlecht hingesetzte Stufen heraufgestiegen, sondern über hunderte oder tausende schwer zugängliche, steile, vereiste Stufen; aus Finsternis und Kälte kommend, wo mir zu überleben beschieden war,

другие — может быть с бóльшим даром, сильнее меня — погибли. Из них лишь некоторых встречал я сам на Архипелаге ГУЛаге, рассыпанном на дробное множество островов, да под жерновом слежки и недоверия не со всяким разговорился, об иных только слышал, о третьих только догадывался. Те, кто канул в ту пропасть уже с литературным именем, хотя бы известны — но сколько не узнанных, ни разу публично не названных! и почти-почти никому не удалось вернуться. Целая национальная литература осталась там, погребенная не только без гроба, но даже без нижнего белья, голая, с биркой на пальце ноги. Ни на миг не прерывалась русская литература! — а со стороны казалась пустынею. Где мог бы расти дружный лес, осталось после всех лесоповалов два-три случайно обойденных дерева.

И мне сегодня, сопровожденному тенями павших, и со склонённой головой пропуская вперед себя на это место других, достойных ранее, мне сегодня — как угадать и выразить, чтó хотели б высказать о н и ?

Эта обязанность давно тяготела на нас, и мы ее понимали. Словами Владимира Соловьёва:

während andere, vielleicht höher begabte, stärkere als ich, untergegangen sind. Nur wenigen von ihnen bin ich selbst begegnet im «Archipel GULag», den gleich Inseln verstreuten staatlichen Straflagern. Zwischen den Mahlsteinen der Bespitzelung und des Mißtrauens habe ich mich nicht mit jedem aussprechen können, von manchen habe ich nur gehört, von wieder anderen habe ich nur etwas geahnt. Diejenigen, die schon einen literarischen Namen hatten, als sie in diesen Abgrund stürzten, sind wenigstens bekannt – doch wie viele sind nie beachtet, nie öffentlich erwähnt worden! Und fast keinem ist es gelungen, zurückzukehren. Eine ganze nationale Literatur ist dort geblieben, begraben, nicht nur ohne Sarg, sondern auch ohne Hemd, nackt, mit dem Nummernschildchen an der Zehe. Nicht für einen Augenblick war die russische Literatur unterbrochen – aber von außen gesehen erschien sie als Wüste. Dort wo ein ganzer Wald wachsen könnte, sind nach allen Kahlschlägen, zwei, drei zufällig verschonte Bäume stehen geblieben.

Wie soll ich nun heute, da ich von den Schatten der Gefallenen begleitet bin und, gesenkten Hauptes, den Würdigeren den Vortritt lassen möchte,

wie soll ich erraten und ausdrücken, was *sie* zu sagen hätten?

Diese Pflicht hat uns schon seit langer Zeit bedrückt, und wir haben sie begriffen. Mit den Worten Wladímir Solowjóws:

Но и в цепях должны свершить мы сами
тот круг, что боги очертили нам.

В томительных лагерных перебродах, в колонне заключенных, во мгле вечерних морозов с просвечивающими цепочками фонарей — не раз подступало нам в горло, что́ хотелось бы выкрикнуть на целый мир, если бы мир мог услышать кого-нибудь из нас. Тогда казалось это очень ясно: что́ скажет наш удачливый посланец — и как сразу отзывно откликнется мир. Отчетливо был наполнен наш кругозор и телесными предметами и душевными движеньями, и в недвоящемся мире им не виделось перевеса. Те мысли пришли не из книг и не заимствованы для складности: в тюремных камерах и у лесных костров они сложились в разговорах с людьми, теперь умершими, *тою* жизнью проверены, *оттуда* выросли.

Когда же послабилось внешнее давление — расширился мой и наш кругозор, и постепенно, хотя бы в щелочку, увиделся и узнался тот «весь мир». И поразительно для нас оказался «весь мир» совсем не таким, как мы надеялись: «не тем» живущий, «не туда» идущий, на болотную топь восклицающий: «Что за очаровательная

Doch selbst in Ketten müssen wir vollenden
Den Kreis, den Götter uns bezeichnet haben.

Als wir uns unter Qualen von Lager zu Lager schleppten, in den Kolonnen der Strafgefangenen, im Dunkel frostkalter Abende mit ihren Reihen flackernder Laternen, saß es uns oft genug in der Kehle, was wir hinausschreien wollten über die ganze Welt, hätte die Welt nur einen von uns hören können. Damals schien ganz klar zu sein, was unser vom Glück begünstigter Abgesandter zu sagen hätte – und wie die Welt einstimmig darauf antworten würde. Deutlich war unser Gesichtskreis ausgefüllt mit körperhaften Dingen wie mit Gemütsbewegungen, und in unserer ungeteilten Welt schien weder das eine noch das andere zu überwiegen. Unsere Gedanken stammten nicht aus Büchern und waren nicht formvollendet ausgeklügelt: sie waren in Gefängniszellen und an Lagerfeuern im Wald entstanden, in Gesprächen mit Menschen, die inzwischen gestorben sind, geläutert durch *jenes* Leben, aus *ihm* erwachsen.

Als aber der äußere Druck nachließ, erweiterte sich mein und unser Überblick, und allmählich wurde uns, wenigstens durch einen Spalt, diese «ganze Welt» sichtbar und erkennbar. Und zu unserer Bestürzung erwies sich diese «ganze Welt» durchaus nicht als die von uns erhoffte: nicht «so» lebend, nicht «dorthin» strebend, sondern über einem Sumpfloch ausrufend: «Was für eine entzückende kleine Wiese»! oder angesichts eines Beton-

лужайка!», на бетонные шейные колодки: «Какое утонченное ожерелье!», а где катятся у одних неотирные слёзы, там другие приплясывают беспечному мьюзикулу.

Как же это случилось? Отчего же зинула эта пропасть? Бесчувственны ли были мы? Бесчувственен ли мир? Или это — от разницы языков? Отчего не всякую внятную речь люди способны расслышать друг от друга? Слова отзвучивают и утекают как вода — без вкуса, без цвета, без запаха. Без следа.

По мере того, как я это понимал, менялся и менялся с годами состав, смысл и тон моей возможной речи. Моей сегодняшней речи.

И уже мало она похожа на ту, первоначально задуманную в морозные лагерные вечера.

4

Человек извечно устроен так, что его мировоззрение, когда оно не внушено гипнозом, его мотивировки и шкала оценок, его действия и намерения определяются его личным и групповым жизненным опытом.

Ringes um den Hals: «Was für ein feines Geschmeide!» und wo die Einen nie versiegende Tränen vergießen, wiegen sich die Anderen nach den sorglosen Rhythmen eines Musicals.

Wie konnte das geschehen? Wodurch hat sich dieser Abgrund aufgetan? Waren wir verständnislos? War die Welt verständnislos? Oder lag es an der Verschiedenheit der Sprachen? Warum ist der Mensch nicht fähig, jegliche vernehmbare Rede eines anderen zu verstehen? Die Worte verklingen und fließen davon wie Wasser – ohne Geschmack, ohne Farbe, ohne Duft. Ohne Spur.

In dem Maße, in dem ich dies begriff, veränderte sich im Lauf der Jahre immer mehr der Inhalt, der Sinn und der Ton meiner möglichen Rede. Meiner heutigen Rede.

Und kaum noch hat sie jetzt Ähnlichkeit mit der, die ich anfangs an frostkalten Abenden im Lager ersonnen hatte.

4

Der Mensch ist von Ewigkeit her so beschaffen, daß seine Weltanschauung, wenn sie nicht durch Hypnose bewirkt ist, seine Motive und seine Wertskala, seine Handlungen und seine Wünsche aus seiner persönlich oder in einer Gruppe gewonnenen Lebenserfahrung erwachsen.

Как говорит русская пословица: «Не верь брату родному, верь своему глазу кривому». И это — самая здоровая основа для понимания окружающего и поведения в нем. И долгие века, пока наш мир был глухо загадочно раскинут, пока не пронизался он едиными линиями связи, не обратился в единый судорожно бьющийся ком, — люди безошибочно руководились своим жизненным опытом в своей ограниченной местности, в своей общине, в своем обществе, наконец и на своей национальной территории. Тогда была возможность отдельным человеческим глазам видеть и принимать некую общую шкалу оценок: что́ признаётся средним, что́ невероятным; что́ жестоким, что́ за гранью злодейства; что́ честностью, что́ обманом. И хотя очень поразному жили разбросанные народы, и шкалы их общественных оценок могли разительно не совпадать, как не совпадали их системы мер, эти расхождения удивляли только редких путешественников, да попадали диковинками в журналы, не неся никакой опасности человечеству, еще не единому.

24 Но вот за последние десятилетия чело-
25 вечество незаметно, внезапно стало еди-

So, wie ein russisches Sprichwort sagt: «Du kannst nicht auf den eignen Bruder bauen / Sollst lieber deinem schiefen Auge trauen.» Das ist die gesundeste Grundlage für das Verständnis unserer Umgebung und für das eigene Verhalten in ihr. Jahrhunderte lang, während unsere Welt noch dumpf und rätselvoll vor uns ausgebreitet war, als sie noch nicht von verbindenden Verkehrslinien durchzogen war, sich noch nicht in einen einzigen fieberhaft pulsierenden Klumpen verwandelt hatte, ließen sich die Menschen an ihrem heimischen Wohnort, in ihrer Gemeinde, in ihrer Gesellschaft und schließlich auch auf ihrem nationalen Territorium von ihrer Lebenserfahrung leiten, ohne abzuirren. Damals gab es die Möglichkeit für den einzelnen Menschen, mit eigenen Augen eine gewisse verbindliche Skala der Werte zu überblicken und anzunehmen: was mittelmäßig ist, was unglaubwürdig; was grausam, was schon ein Verbrechen ist; was Ehrlichkeit ist und was Betrug. Und wenngleich die weit verstreuten Völker sehr verschiedenartig lebten und die Maßstäbe ihrer gesellschaftlichen Wertungen oft keineswegs übereinstimmten, wie ja auch ihre Maßsysteme nicht einheitlich waren, so erregten diese Unterschiede doch nur bei den seltenen Reisenden Verwunderung oder gelangten als Kuriositäten in die Zeitungen – sie brachten weder der Menschheit noch dem Einzelnen Gefahren.

Doch jetzt, in den letzten Jahrzehnten, ist die Menschheit unbemerkt plötzlich eine Einheit geworden – Hoff-

ным — обнадёжно единым и опасно единым, так что сотрясенья и воспаленья одной его части почти мгновенно передаются другим, иногда не имеющим к тому никакого иммунитета. Человечество стало единым — но не так, как прежде бывали устойчиво едиными община или даже нация: не через постепенный жизненный опыт, не через собственный ГЛАЗ, добродушно названный кривым, даже не через родной понятный язык, — а, поверх всех барьеров, через международное радио и печать. На нас валит накат событий, полмира в одну минуту узнаёт об их выплеске, но мерок — измерять те события и оценивать по законам неизвестных нам частей мира, не доносят и не могут донести по эфиру и в газетных листах: эти мерки слишком долго и особенно устаивались и усваивались в особной жизни отдельных стран и обществ, они не переносимы налету. В разных краях к событиям прикладывают собственную, выстраданную шкалу оценок — и неуступчиво, самоуверенно судят только по своей шкале, а не по какой чужой.

И таких разных шкал в мире если не
 множество, то во всяком случае несколько:
 шкала для ближних событий и шкала для

nung weckende, Gefahr bringende Einheit, so daß Erschütterungen und Erkrankungen eines ihrer Teile fast augenblicklich auf die anderen übergreifen, die manchmal keineswegs immun dagegen sind. Die Menschheit wurde eine Einheit – aber nicht so, wie früher die Gemeinden oder gar die Nationen widerstandsfähige Einheiten bildeten: nicht durch die ständig wiederholte Lebenserfahrung, nicht durch ein erkennendes *Auge*, das vorhin auf gutmütige Weise schief genannt wurde, nicht einmal durch eine angeborene, allen verständliche Sprache – sondern, über alle Barrieren hinweg, durch den internationalen Rundfunk und die Presse. Über uns wälzt sich die Lawine der Geschehnisse, in einer Minute erfährt die halbe Welt, was sie auswirft, aber ein Maßstab, diese Geschehnisse zu messen und zu bewerten nach den Gesetzen uns unbekannter Teile der Welt, wird uns nicht mitgeliefert und kann uns nicht mitgeliefert werden durch den Äther oder durch Zeitungen. Solche Wertmaße sind zu lange und zu eigenständig von den einzelnen Ländern und Gesellschaften in ihrem Eigenleben festgelegt und erworben worden, sie können nicht im Fluge übertragen werden. In den verschiedenen Ländern werden die Geschehnisse an der eigenen unter Leiden entstandenen Skala gemessen – und selbstbewußt, starrsinnig wird nach der eigenen und nach keiner anderen geurteilt.

Solcher Wertmaßstäbe gibt es in der Welt, wenn nicht eine Vielzahl, so doch mehrere: Es gibt ein Maß für nahe Ereignisse und eines für fernere, ein Maß der alten

дальних; шкала старых обществ и шкала молодых; шкала благополучных и неблагополучных. Деления шкал кричаще не совпадают, пестрят, режут нам глаза, и чтоб не было нам больно, мы отмахиваемся ото всех чужих шкал как от безумия, от заблуждения, — и весь мир уверенно судим по своей домашней шкале. Оттого кажется нам крупней, больней и невыносимей не то, что на самом деле крупней, больней, и невыносимей, а то, что ближе к нам. Всё же дальнее, не грозящее прямо сегодня докатиться до порога нашего дома, признаётся нами со всеми его стонами, задушенными криками, погубленными жизнями, хотя б и миллионами жертв — в общем вполне терпимым и сносных размеров.

В одной стороне под гоненьями, не уступающими древне-римским, не так давно отдали жизнь за веру в Бога сотни тысяч беззвучных христиан. В другом полушарии некий безумец (и наверно он не одинок) мчится через океан, чтобы ударом стали в первосвященника ОСВОБОДИТЬ нас от религии! По своей шкале он так рассчитал за всех за нас!

28 То, что по одной шкале представляется
29 издали завидной благоденственной свобо-

Gesellschaften und eines der jungen; es gibt ein Maß der Erfolgreichen und eines der Erfolglosen. Die Einteilungen dieser Maßstäbe sind schreiend ungleich, sie flimmern und schneiden uns in die Augen, und um den Schmerz zu vermeiden, stoßen wir jede fremde Skala zurück wie einen Wahnsinn, eine Verirrung – und beurteilen die ganze Welt in voller Überzeugung nach unserer heimischen Skala.

Daher erscheint nicht *das* uns größer, schmerzlicher und unerträglicher, was wirklich größer, schmerzlicher und unerträglicher ist, sondern das, was uns näher liegt. Alles ferner liegende aber, alles, was nicht unmittelbar gerade heute die Schwelle unseres Hauses bedroht, halten wir mit all seinen Seufzern, erstickten Schreien, zerstörten Leben – und seien es Millionen Opfer – insgesamt für eigentlich zulässig und von erträglichem Ausmaß.

Auf der einen Seite haben unter Verfolgungen, die den altrömischen in keiner Weise nachstehen, vor noch nicht langer Zeit Hunderttausende von stumm leidenden Christen ihr Leben gelassen für den Glauben an Gott. Auf der anderen Erdhälfte stürmt ein Wahnsinniger (und sicher nicht allein) über den Ozean, um mit einem Dolchstoß den Hohenpriester zu treffen und uns von der Religion zu *befreien*. Nach seinem Maßstab hat er es so entschieden für uns alle!

Was nach dem einen Wertmaß von ferne als beneidenswerte, wohltuende Freiheit erscheint, wird nach

дой, то по другой шкале вблизи ощущается досадным принуждением, зовущим к переворачиванию автобусов. То, что в одном краю мечталось бы как неправдоподобное благополучие, то в другом краю возмущает как дикая эксплуатация, требующая немедленной забастовки. Разные шкалы для стихийных бедствий: наводнение в двести тысяч жертв кажется мельче нашего городского случая. Разные шкалы для оскорбления личности; где унижает даже ироническая улыбка и отстраняющее движение, где и жестокие побои простительны как неудачная шутка. Разные шкалы для наказаний, для злодеяний. По одной шкале месячный арест, или ссылка в деревню, или «карцер», где кормят белыми булочками да молоком, — потрясают воображение, заливают газетные полосы гневом. А по другой шкале привычны и прощены — и тюремные сроки по двадцать пять лет, и карцеры, где на стенах лёд, но раздевают до белья, и сумасшедшие дома для здоровых, и пограничные расстрелы бесчисленных неразумных, всё почему-то куда-то бегущих людей. А особенно спо-
30 койно сердце за тот экзотический край, о
31 котором и вовсе ничего не известно, откуда

einem anderen aus der Nähe als ärgerlicher Zwang empfunden, der zum Umstürzen von Autobussen herausfordert. Was in dem einen Lande als unwahrscheinlicher Wohlstand erträumt wird, wirkt im anderen empörend als eine wilde Ausbeutung, die sofortigen Streik erfordert. Unterschiedliche Maßstäbe für elementare Katastrophen: eine Überschwemmung mit zweihunderttausend Opfern erscheint weniger schlimm als ein Unfall in unserer Stadt. Unterschiedliche Maßstäbe für persönliche Kränkung: an einem Orte wirkt schon ein ironisches Lächeln oder eine ablehnende Gebärde erniedrigend, am anderen erscheinen auch grausame Prügel als entschuldbar wie ein schlechter Scherz.

Unterschiedliche Maßstäbe für Strafen, für Verbrechen: nach dem einen Maßstab sind schon ein Monatsarrest oder eine Verbannung aufs Dorf oder ein «Karzer», wo man mit weißen Brötchen und Milch gefüttert wird, erschütternd für die Gemüter und füllen die Zeitungsspalten mit zornigem Protest; und nach einem anderen Maßstab gelten als verzeihlich – selbst Gefängnisstrafen von fünfundzwanzig Jahren und Kerker mit Eis an den Wänden, wo man sich trotzdem bis auf die Unterwäsche ausziehen muß, und Irrenhäuser für Gesunde, und Erschießungen ungezählter unbesonnener Menschen an einer Grenze, wo sie noch immer irgendwohin zu fliehen versuchen. Und besonders beruhigend erscheint dem Herzen manch ein exotisches Land, von dem man überhaupt nichts weiß,

и события до нас не доходят никакие, а только поздние плоские догадки малочисленных корреспондентов.

И за это двоенье, за это остолбенелое непонимание чужого дальнего горя нельзя упрекать человеческое зрение: уж так устроен человек. Но для целого человечества, стиснутого в единый ком, такое взаимное непонимание грозит близкой и бурной гибелью.

При шести, четырех, даже при двух шкалах не может быть единого мира, единого человечества: нас разорвёт эта разница ритма, разница колебаний. Мы не уживём на одной Земле, как не жилец человек с двумя сердцами.

5

Но кто же и как совместит эти шкалы? Кто создаст человечеству единую систему отсчёта – для злодеяний и благодеяний, для нетерпимого и терпимого, как они разграничиваются сегодня? Кто прояснит человечеству, что́ действительно тяжко и не-
32 выносимо, а что́ только по близости нати-
33 рает нам кожу – и направит гнев к тому,

von wo kein Schatten eines Geschehens zu uns dringt, oder doch nur späte oberflächliche Eindrücke weniger Korrespondenten.

Diese Zweiteilung, dieses verstockte Nichtverstehen fernen fremden Leidens kann man der menschlichen Fassungskraft nicht zum Vorwurf machen: so ist der Mensch nun einmal beschaffen. Aber der ganzen Menschheit, die zu einem einzigen Klumpen gepreßt ist, droht durch dieses gegenseitige Nichtverstehen ein naher und dramatischer Untergang. Mit sechs, mit vier oder auch nur mit zwei Maßstäben nebeneinander kann es keine einheitliche Welt, keine einige Menschheit geben: wir werden zerrissen werden von diesem unterschiedlichen Rhythmus, diesen unterschiedlichen Schwingungen. Wir werden so nicht überleben auf einer einsgewordenen Erde, wie der Mensch nicht leben kann mit zwei Herzen.

5

Aber durch wen und wie sollen diese Maßstäbe einander angeglichen werden? Wer erschafft der Menschheit ein einheitliches Wertsystem für Übeltaten und Wohltaten, für Unerträgliches und Erträgliches – wie unterscheidet sich das heute überhaupt?

Wer soll der Menschheit klarmachen, was wirklich schwer und unerträglich ist und was uns nur durch seine Nähe auf der Haut

что страшней, а не к тому что ближе? Кто сумел бы перенести такое понимание через рубеж собственного человеческого опыта? Кто сумел бы косному упрямому человеческому существу внушить чужие дальние горе и радость, понимание масштабов и заблуждений, никогда не пережитых им самим? Бессильны тут и пропаганда, и принуждение, и научные доказательства. Но, к счастью, средство такое в мире есть! Это — искусство. Это — литература.

Доступно им такое чудо: преодолеть ущербную особенность человека учиться только на собственном опыте, так что втуне ему проходит опыт других. От человека к человеку, восполняя его куцое земное время, искусство переносит целиком груз чужого долгого жизненного опыта со всеми его тяготами, красками, соками, во плоти воссоздаёт опыт, пережитый другими, — и дает усвоить как собственный.

И даже больше, горазд обольше того: и страны, и целые континенты повторяют ошибки друг друга с опозданием, бывает и на века, когда, кажется, так всё наглядно видно! а нет: то, что одними народами уже пережи́то, обдумано и отвергнуто, вдруг

brennt? Wer richtet den Zorn auf das, was schrecklicher, und nicht auf das, was nur näher ist? Wer brächte es fertig, einem solchen Verständnis über die Grenze der rein persönlichen Erfahrung hinweg zu helfen? Wer vermag dem trägen, widerstrebenden Menschenwesen fremdes Leid und fremde Freude nahezubringen, Verständnis für die Maßstäbe und die Abirrungen nie selbst erlebter Art zu wecken?

Hier sind Propaganda, Zwang und wissenschaftliche Beweise ohnmächtig. Doch zum Glück gibt es ein solches Mittel auf dieser Welt! Es ist die Kunst. Es ist die Literatur.

Ihnen kann ein solches Wunder gelingen: die Überwindung der verhängnisvollen Eigenschaft des Menschen, nur durch eigene Erfahrung zu lernen und die Erfahrung Anderer wirkungslos an sich vorübergehen zu lassen. Von Mensch zu Mensch, sein kurz bemessenes Erdenleben erfüllend, überträgt die Kunst die ganze Fracht fremder lebenslanger Erfahrung mit allem Gewicht, allen Farben und Säften, erschafft sie aufs neue die von Anderen gemachte Erfahrung – und bewirkt, daß man sie als eine eigene annimmt.

Und noch mehr, viel mehr als das: manche Länder, ja ganze Kontinente wiederholen gegenseitig ihre Fehler mit Verspätung, manchmal von Jahrhunderten, während doch anscheinend alles so offensichtlich klar ist! Aber nein, was von einigen Völkern durchlebt, durchdacht und verworfen wurde, erscheint anderen plötzlich als

обнаруживается другими как самое новейшее слово. И здесь тоже: единственный заменитель не пережитого нами опыта — искусство, литература. Дана им чудесная способность: через различия языков, обычаев, общественного уклада переносить жизненный опыт от целой нации к целой нации — никогда не пережи́тый этою второю трудный многодесятилетний национальный опыт, в счастливом случае оберегая целую нацию от избыточного, или ошибочного, или даже губительного пути, тем сокращая извилины человеческой истории.

Об этом великом благословенном свойстве искусства я настойчиво напоминаю сегодня с нобелевской трибуны.

И еще в одном бесценном направлении переносит литература неопровержимый сгущенный опыт: от поколения к поколению. Так она становится живою памятью нации. Так она теплит в себе и хранит ее утраченную историю — в виде, не поддающемся искажению и оболганию. Тем самым литература вместе с языком сберегает нацио-
36 нальную душу.

37 (За последнее время модно говорить о

neueste Erkenntnis. Auch hier gilt: eine nicht von uns selbst gemachte Erfahrung kann einzig und allein durch die Kunst, die Literatur ersetzt werden. Ihnen ist die wunderbare Kraft verliehen, über Unterschiede der Sprachen, der Sitten, der Gesellschaftsformen hinweg die Lebenserfahrung einer ganzen Nation auf eine andere zu übertragen –

eine nie von dieser selbst erlebte, eine schwierige, oft in vielen Jahrzehnten entstandene nationale Erfahrung, durch die im Glücksfall eine ganze Nation bewahrt werden kann vor Ausbeutung und falschen oder gar verderblichen Entwicklungen, wobei manche Umwege der Menschheitsgeschichte verkürzt werden können.

An diese große segensreiche Eigenschaft der Kunst möchte ich heute vom Nobel-Podium aus mit Nachdruck erinnern.

Noch in einer anderen unabschätzbaren Richtung überträgt die Literatur ihre unwiderstehliche, verdichtete Erfahrung: von Generation zu Generation. So wird sie zum lebendigen Gedächtnis einer Nation.

So hegt und beschirmt sie ihre verlorengegangene Geschichte – in einem Sinne, der keine Entstellung oder Verleumdung zuläßt. Auf diese Weise beschützt die Literatur mit Hilfe der Sprache die Seele der Nation.

(In letzter Zeit ist es Mode geworden, von der Nivel-

нивелировке наций, об исчезновении народов в котле современной цивилизации. Я не согласен с тем, но обсуждение того — вопрос отдельный, здесь же уместно только сказать: исчезновение наций обеднило бы нас не меньше, чем если бы все люди уподобились, в один характер, в одно лицо. Нация — это богатство человечества, это обобщенные личности его; самая малая из них несет свои особые краски, таит в себе особую грань Божьего замысла.)

Но горе той нации, у которой литература прерывается вмешательством силы: это — не просто нарушение «свободы печати», это — замкнутие национального сердца, иссечение национальной памяти. Нация не помнит сама себя, нация лишается духовного единства — и при общем как будто языке соотечественники вдруг перестают понимать друг друга. Отживают и умирают немые поколения, не рассказавшие о себе ни сами себе, ни потомкам. Если такие мастера, как Ахматова или Замятин, на всю жизнь замурованы заживо, осуждены до гроба творить молча, не слыша отзвука своему написанному, — это не только их личная беда, но горе всей нации, но опасность для всей нации.

lierung der Nationen, vom Verschwinden der Völker im Schmelztiegel der neuzeitlichen Zivilisation zu sprechen. Ich stimme dem nicht zu, doch eine Erörterung dieses Problems ist ein Thema für sich. Hier ist es nur angebracht zu sagen: ein Verschwinden der Nationen würde uns nicht weniger verarmen lassen als eine Angleichung aller Menschen an einen einzigen Charakter, ein einziges Antlitz. Die Nationen sind der Reichtum der Menschheit, sie sind ihre Sozietät gewordenen Persönlichkeiten; selbst die geringste unter ihnen hat ihre eigenen Farben und spiegelt einen besonderen Abglanz des Göttlichen Wirkens.)

Doch wehe der Nation, deren Literatur durch den Eingriff der Gewalt unterbrochen wird: das ist nicht einfach eine Verletzung der «Pressefreiheit», das ist die Abschnürung des Herzens der Nation, die Austilgung des Gedächtnisses der Nation. Eine solche Nation kennt sich selbst nicht mehr, verliert ihre geistige Einheit – und trotz der scheinbar noch gemeinsamen Sprache können die Landsleute sich nicht mehr untereinander verständigen. Stumme Geschlechter welken und sterben, ohne sich selbst und ihren Nachkommen Zeugnis abzulegen. Wenn Meister wie die Achmátowa oder wie Samjátin auf Lebenszeit lebendig eingemauert werden, verurteilt zu schweigendem Schaffen bis ans Grab, ohne ein Echo auf ihre Schriften – dann ist das nicht nur ihr persönliches Unglück, sondern das Leid einer ganzen Nation, eine Gefahr für die ganze Nation.

А в иных случаях — и для всего человечества: когда от такого молчания перестает пониматься и вся целиком ИСТОРИЯ.

6

В разное время в разных странах горячо, и сердито, и изящно спорили о том, должны ли искусство и художник жить сами для себя или вечно помнить свой долг перед обществом и служить ему, хотя и непредвзято. Для меня здесь нет спора, но я не стану снова поднимать вереницы доводов. Одним из самых блестящих выступлений на эту тему была Нобелевская же лекция Альбера Камю — и к выводам ее я с радостью присоединяюсь. Да русская литература десятилетиями имела этот крен — не заглядываться слишком сама на себя, не порхать слишком беспечно, и я не стыжусь эту традицию продолжать по мере сил. В русской литературе издавна вроднились нам представления, что писатель может многое в своем народе — и должен.

Не будем попирать ПРАВА художника выражать исключительно собственные переживания и самонаблюдения, прене-

In manchen Fällen – und für die ganze Menschheit gilt, daß durch ein solches Schweigen die ganze *Geschichte* ihren Sinn-Zusammenhang verliert.

6

Zu verschiedenen Zeiten und in verschiedenen Ländern ist heiß, erbittert und geistreich darüber gestritten worden, ob die Kunst und der Künstler für sich allein leben sollen, oder ob sie sich stets ihrer Pflicht gegenüber der Gesellschaft bewußt sein und ihr dienen sollen, allerdings unvoreingenommen. Für mich gibt es hier keinen Zweifel, aber ich werde nicht von neuem die Kette der Beweise aufnehmen. Eine der geistvollsten Äußerungen zu diesem Thema war der Nobel-Vortrag von Albert Camus – und seinen Folgerungen schließe ich mich freudig an. Auch die russische Literatur hatte seit Jahrzehnten die Neigung, nicht zu sehr in Selbstbetrachtung zu versinken und doch nicht allzu sorglos dahinzuflattern, und ich zögere nicht, dieser Tradition nach meinen besten Kräften zu folgen. In der russischen Literatur war von jeher die Vorstellung verwurzelt, daß der Schriftsteller viel vermag in seinem Volke – und daß er danach handeln soll.

Wir wollen nicht das *Recht* des Künstlers mißachten, ausschließlich seine eigenen Erlebnisse, seine Selbstbeobachtung auszudrücken und alles zu vernachlässigen,

брегая всем, что делается в остальном мире. Не будем ТРЕБОВАТЬ от художника, — но укорить, но попросить, но позвать и поманить дозволено будет нам. Ведь только отчасти он развивает свое дарование сам, в большей доле оно вдунуто в него с рожденья готовым — и вместе с талантом положена ответственность на его свободную волю. Допустим, художник никому ничего НЕ ДОЛЖЕН, но больно видеть, как МОЖЕТ он, уходя в своесозданные миры или в пространства субъективных капризов, отдавать реальный мир в руки людей корыстных, а то и ничтожных, а то и безумных.

Оказался наш XX век жесточе предыдущих, и первой его половиной не кончилось всё страшное в нем. Те же старые пещерные чувства — жадность, зависть, необузданность, взаимное недоброжелательство, на ходу принимая приличные псевдонимы вроде классовой, расовой, массовой, профсоюзной борьбы, рвут и разрывают наш мир. Пещерное неприятие компромиссов введено в теоретический принцип и считается добродетелью ортодоксальности. Оно требует миллионных жертв в нескончаемых гражданских вой-

was in der übrigen Welt geschieht. Wir wollen vom Künstler nichts *fordern* – aber Vorhaltungen zu machen, zu bitten, zu erinnern und zu mahnen sollte uns wohl erlaubt sein. Es ist doch nur teilweise sein Verdienst, wenn er seine Begabung entwickelt, zum größeren Teil ist sie ihm fertig eingeboren – und zusammen mit dem Talent ist seinem freien Willen eine Verantwortung auferlegt. Zugegeben, *verpflichtet* ist der Künstler niemandem und zu nichts, aber schmerzlich ist es zu sehen, wenn er der *Möglichkeit* nachgibt, sich in seine selbstgeschaffene Welt oder in die weiten Gefilde privater Launen zu entfernen und die wirkliche Welt den Händen eigennütziger, vielleicht auch nichtswürdiger oder gar wahnsinniger Menschen zu überlassen.

Unser zwanzigstes Jahrhundert hat sich als grausamer erwiesen als die vorausgegangenen, und mit seiner ersten Hälfte sind keineswegs alle seine Furchtbarkeiten zu Ende gegangen.

Immer die gleichen alten steinzeitlichen Gefühle – Habsucht, Neid, Zügellosigkeit und gegenseitige Feindschaft, inzwischen versteckt unter züchtigen Pseudonymen wie Klassen-, Rassen-, Massen-, und Gewerkschafts-Kampf – entzweien, zerreißen unsere Welt. Die steinzeitliche Abneigung gegen Kompromisse ist zum theoretischen Prinzip erhoben worden und gilt als die Tugend des orthodoxen Bewußtseins. Sie fordert Millionen Opfer in endlosen Bürgerkriegen, sie

нах, оно нагуживает в душу нам, что нет общечеловеческих устойчивых понятий добра и справедливости, что все они текучи, меняются, а значит всегда до́лжно поступать так, как выгодно твоей партии. Любая профессиональная группа, как только находит удобный момент ВЫРВАТЬ КУСОК, хотя б и не заработанный, хотя б и избыточный — тут же вырывает его, а там хоть всё общество развались. Амплитуда швыряний западного общества, как видится со стороны, приближается к тому пределу, за которым система становится метастабильной и должна развалиться. Все меньше стесняясь рамками многовековой законности, нагло и победно шагает по всему миру насилие, не заботясь, что его бесплодность уже много раз проявлена и доказана в истории. Торжествует даже не просто грубая сила, но ее трубное оправдание: заливает мир наглая уверенность, что сила может всё, а правота — ничего. БЕСЫ Достоевского казалось, провинциальная кошмарная фантазия прошлого века, на наших глазах расползаются по всему миру, в такие страны,
44 где и вообразить их не могли — и вот угона-
45 ми самолётов, захватами ЗАЛОЖНИ-

spannt unsere Seele in den Glauben ein, daß es keine allgemein gültigen menschlichen Begriffe vom Guten und von der Gerechtigkeit gebe, daß sie alle fließend seien, wandelbar, und daß man sich also immer nur so zu verhalten habe, wie es für die eigene Partei von Vorteil ist. Kaum findet irgendeine Berufsgruppe den Augenblick günstig, etwas für sich *herauszureißen,* möglichst ohne Arbeitsleistung, und sei es auf ausbeuterische Art – so reißt sie es augenblicklich an sich, mag auch die ganze Gesellschaft darüber zerbrechen.

Die Schleuder-Amplitude der westlichen Gesellschaft nähert sich, von außen gesehen, dem Grenzwert, jenseits dessen das System metastabil wird und auseinanderfallen muß. Immer weniger eingehalten durch die Rahmen jahrhundertealter Gesetzlichkeit, schreitet die Gewalt frech und siegreich über die ganze Welt, unbekümmert darum, daß ihre Unfruchtbarkeit schon oft in der Geschichte offenbart und bewiesen worden ist. Es triumphiert oft nicht die grobe Gewalt selbst, sondern ihre hinausposaunte Rechtfertigung: die unverschämte Behauptung wird in die Welt geschmettert, daß die Macht alles vermag und die Rechtlichkeit nichts. Die *Dämonen* Dostojewskijs – früher erschienen sie als provinzieller Albtraum der Phantasie des vorigen Jahrhunderts – kriechen vor unseren Augen über die ganze Welt, auch in Länder, in denen man sich keine Vorstellung von ihnen machen konnte, und geben durch die Flugzeugentführungen, *Geiselnah-*

КОВ, взрывами и пожарами последних лет сигналят о своей решимости сотрясти и уничтожить цивилизацию! И это вполне может удаться им. Молодежь – в том возрасте, когда еще нет другого опыта, кроме сексуального, когда за плечами еще нет годов собственных страданий и собственного понимания, восторженно повторяет наши русские опороченные зады XIX века, а кажется ей, что открывает новое что-то. Новоявленная хунвейбиновская деградация до ничтожества принимается ею за радостный образец. Верхоглядное непонимание извечной человеческой сути, наивная уверенность непоживших сердец: вот э т и х лютых, жадных притеснителей, правителей прогоним, а следующие (мы!), отложив гранаты и автоматы, будут справедливые и сочувственные. Как бы не так! .. А кто пожил и понимает, кто мог бы этой молодежи возразить – многие НЕ СМЕЮТ возражать, даже заискивают, только бы не показаться «консерваторами» – снова явление русское, XIX века. Достоевский называл его РАБСТВОМ У ПЕРЕДОВЫХ ИДЕЕК.

46 Дух Мюнхена – нисколько не ушел в
47 прошлое, он не был коротким эпизодом.

men, Bombenattentate und Brandstiftungen der letzten Jahre ihre Entschlossenheit zu erkennen, die Zivilisation mürbe zu machen und zu vernichten! Und das könnte ihnen vollauf gelingen. Die Jugend – in einem Alter, das noch keine eigenen Erfahrungen außer der sexuellen erworben hat, das noch keine Jahre eigenen Leidens und eigenen Selbstbegreifens kennt – wiederholt begeistert unsere schon längst abgetanen russischen Parolen des neunzehnten Jahrhunderts und glaubt etwas Neues entdeckt zu haben. Die neu aufgekommene chinesische Theorie der Degradation zum Nichts wird von ihr mit Wonne nachgebetet.

Ahnungsloses Unverständnis für das uralte menschliche Schicksal spricht aus der naiven Überzeugung unerfahrener Herzen: Seht, *diese* grausamen gierigen Unterdrücker und Beherrscher werden wir verjagen, und die nach ihnen Kommenden – wir! – werden Granaten und Maschinengewehre ablegen und werden gerecht und mitfühlend sein. Warum nicht! ... Aber die, die gelebt haben und die Lage begreifen, die der Jugend widersprechen könnten – viele von ihnen *wagen nicht* zu widersprechen, ja sie streben danach, auf keinen Fall als «Konservative» zu gelten. Das ist wiederum eine russische Erscheinung des neunzehnten Jahrhunderts. Dostojewskij nannte sie die *Sklaverei des Fortschrittsglaubens.*

Der Geist von München gehört keineswegs der Vergangenheit an, er war durchaus keine bloße Episode. Ich

тропии, всеобщего разрушения. Пресечение информации делает призрачными международные подписи и договоры: внутри ОГЛУШЁННОЙ зоны любой договор ничего не стоит перетолковать, а еще проще — забить, он как бы и не существовал никогда (это Оруэлл прекрасно понял). Внутри оглушённой зоны живут как бы не жители Земли, а марсианский экспедиционный корпус, они толком ничего не знают об остальной Земле, и готовны пойти топтать ее в святой уверенности, что «освобождают».

Четверть века назад в великих надеждах человечества родилась Организация Объединенных Наций. Увы, в безнравственном мире выросла безнравственной и она. Это не Организация Объединенных Наций, но Организация Объединенных Правительств, где уравнены и свободно избранные, и насильственно навязанные, и оружием захватившие власть. Корыстным пристрастием большинства ООН ревниво заботится о свободе одних народов и в небрежении оставляет свободу других. Угодливым голосованием она отвергла рассмотрение ЧАСТНЫХ ЖАЛОБ — стонов, криков и умолений единичных маленьких ПРОСТО ЛЮДЕЙ — слишком

der Information auf dem Weg der Entropie, des allgemeinen Verfalles liegt. Die Unterbrechung der Information läßt zwischenstaatliche Unterschriften und Abkommen illusorisch werden: Innerhalb einer *taub gemachten Zone* ist es leicht, ein beliebiges Abkommen anders auszulegen oder noch einfacher — zu unterschlagen, als hätte es nie existiert (Orwell hat das sehr gut begriffen). Innerhalb einer taub gemachten Zone leben die Menschen nicht wie Bewohner dieser Erde, sondern wie ein Expeditionskorps vom Mars, ohne einen Begriff zu haben von der übrigen Erde und bereit, über sie hinweg zu stampfen in der heiligen Überzeugung, sie zu «befreien».

Vor einem Vierteljahrhundert wurde als große Hoffnung der Menschheit die Organisation der Vereinten Nationen geschaffen. Ach, in der unmoralischen Welt ist auch sie unmoralisch aufgewachsen. Sie ist keine Organisation Vereinter Nationen, sondern Vereinter Regierungen; frei Gewählte, zwangsweise Aufgedrängte und durch Waffengewalt hochgekommene Machthaber sind darin gleichberechtigt.

Mit der eigennützigen Parteilichkeit der Majorität wacht die UNO eifersüchtig über die Freiheit bestimmter Völker und vernachlässigt die Freiheit anderer. Durch eine dienstbeflissene Abstimmung hat sie die Prüfung von *Klagen Einzelner* abgelehnt, das Stöhnen, die Schreie und das Flehen einzelner kleiner *einfacher Menschen*, zu geringer Käfer für eine so

мелких букашек для такой великой организации. Свой лучший за 25 лет документ — Декларацию Прав человека, ООН не посилилась сделать ОБЯЗАТЕЛЬНЫМ для правительств УСЛОВИЕМ их членства — и так предала маленьких людей воле неизбранных ими правительств.

Казалось бы: облик современного мира весь в руках ученых, все технические шаги человечества решаются ими. Казалось бы: именно от всемирного содружества ученых, а не от политиков, должно зависеть, куда миру идти. Тем более, что пример единиц показывает, как много могли бы они сдвинуть все вместе. Но нет, ученые не явили яркой попытки стать важной самостоятельно действующей силой человечества. Целыми конгрессами отшатываются они от чужих страданий: уютней остаться в границах науки. Всё тот же дух Мюнхена развесил над ними свои расслабляющие крыла.

Каковы же в этом жестоком, динамичном, взрывном мире, на черте его десяти гибелей — место и роль писателя? Уж мы и вовсе не шлем ракет, не катим даже по-
52 следней подсобной тележки, мы и вовсе в
53 презрении у тех, кто уважает одну матери-

große Organisation. Ihr bestes Dokument seit fünfundzwanzig Jahren, die Erklärung der Menschenrechte, für die Regierungen *verbindlich* zu machen, als *Vorbedingung* für ihre Mitgliedschaft festzulegen, hat sich die UNO nicht entschlossen – und so überließ sie die Einzelmenschen der Willkür von Regierungen, die sie nicht gewählt haben.

Man möchte meinen, daß die heutige Welt ganz in der Hand der Wissenschaftler sei, daß alle Schritte der technischen Entwicklung der Menschheit von ihnen bestimmt würden. Man möchte meinen, daß es gerade von der weltweiten Zusammenarbeit der Wissenschaftler und nicht von den Politikern abhinge, wohin der Weg der Welt führt. Und dies umso mehr, als das Beispiel Einzelner zeigt, wie viel sie gemeinsam in Bewegung setzen könnten. Aber nein, die Wissenschaftler haben keinen deutlich sichtbaren Versuch gemacht, eine wichtige selbständig wirkende Kraft der Menschheit zu werden. Ganze Kongresse wichen fremden Leiden aus: es ist bequemer, sich im Rahmen der Wissenschaft zu bewegen. Immer der gleiche Geist von München breitet seine lähmenden Fittiche über ihnen aus.

Welcher Art ist nun in dieser grausamen, dynamischen, explosiven Welt, an der Grenze des zehnfachen Verderbens der Platz und die Rolle des Schriftstellers? Wir schießen überhaupt keine Raketen ab, wir fahren nicht einmal die letzte kümmerliche Lafette auf, wir werden ganz und gar verachtet von denen, die nur mate-

альную мощь. Не естественно ли нам тоже отступить, разувериться в неколебимости добра, в недробимости правды и лишь поведывать миру свои горькие сторонние наблюдения, как безнадежно исковеркано человечество, как измельчали люди и как трудно средь них одиноким тонким красивым душам?

Но и этого бегства — нет у нас. Однажды взявшись за СЛОВО, уже потом никогда не уклониться: писатель — не посторонний судья своим соотечественникам и современникам, он — совиновник во всем зле, совершенном у него на родине или его народом. И если танки его отечества залили кровью асфальт чужой страны — то бурые пятна навек зашлепали лицо писателя. И если в роковую ночь удушили спящего доверчивого Друга — то на ладонях писателя синяки от той веревки. И если юные его сограждане развязно декламируют превосходство разврата над скромным трудом, отдаются наркотикам или хватают ЗАЛОЖНИКОВ — то перемешивается это зловоние с дыханием писателя.

Найдем ли мы дерзость заявить, что не ответчики мы за язвы сегодняшнего мира?

rielle Macht anerkennen. Wäre es nicht auch für uns natürlich, nachzugeben, den Glauben an die Unerschütterbarkeit des Guten, an die Unteilbarkeit der Wahrheit fahren zu lassen und der Welt nur noch unsere bitteren nebensächlichen Beobachtungen darüber mitzuteilen, wie hoffnungslos verdorben die Menschheit ist, wie klein die Menschen geworden sind, und wie schwer es für einsame, empfindliche schöne Seelen ist, unter ihnen zu leben?

Nein, diese Flucht gibt es für uns nicht. Einmal an das *Wort* gebunden, kann man nie mehr entkommen: der Schriftsteller ist kein fremder Richter seiner Landsleute und Zeitgenossen, er ist mitschuldig an allem Bösen, das in seinem Land oder von seinem Volk verübt wird. Wenn die Panzer seines Landes den Asphalt einer fremden Hauptstadt mit Blut getränkt haben, dann wird für immer das Antlitz des Schriftstellers mit roten Flecken besudelt sein. Wenn in einer verhängnisvollen Nacht ein gutgläubiger Freund im Schlaf erwürgt wurde, dann werden die blauen Striemen vom Strick auf den Handflächen des Schriftstellers zurückbleiben. Und wenn seine jungen Mitbürger lauthals die Überlegenheit von Ausschweifungen über die schlichte Arbeit deklarieren, sich Rauschgiften hingeben, *Geiseln* greifen, dann wird sich dieser Gestank in den Atem des Schriftstellers mischen.

Können wir wohl noch so vermessen sein, uns als nicht verantwortlich zu erklären für die Geschwüre der heutigen Welt?

7

Однако, ободряет меня живое ощущение МИРОВОЙ ЛИТЕРАТУРЫ как единого большого сердца, колотящегося о заботах и бедах нашего мира, хотя по-своему представленных и видимых во всяком его углу.

Помимо исконных национальных литератур, существовало и в прежние века понятие мировой литературы — как огибающей по вершинам национальных и как совокупности литературных взаимовлияний. Но случалась задержка во времени: читатели и писатели узнавали писателей иноязычных с опозданием, иногда вековым, так что и взаимные влияния опаздывали и огибающая национальных литературных вершин проступала уже в глазах потомков, не современников.

А сегодня между писателями одной страны и писателями, и читателями другой есть взаимодействие если не мгновенное, то близкое к тому, я сам на себе испытываю это. Не напечатанные, увы, на родине, мои книги, несмотря на поспешные и часто дурные переводы, быстро нашли себе отзывчивого мирового читателя. Кри-

Trotzdem ermutigt mich die lebendige Empfindung der *Weltliteratur* als eines einzigen großen Herzens, das für die Sorgen und Leiden unserer Welt schlägt,

wenn diese Leiden auch in jedem Winkel der Welt auf eigene Art erlebt und gesehen werden.

Außer den althergebrachten nationalen Literaturen gab es auch schon früher den Begriff der Weltliteratur – als einer die Gipfel der nationalen Literaturen umfassenden Gesamtheit gegenseitiger literarischer Beziehungen. Es kam aber vor, daß eine Einwirkung sich verzögerte: Leser und Schriftsteller lernten die fremdsprachigen Autoren mit Verspätung kennen, manchmal mit einer Verspätung von Jahrhunderten, so daß auch wechselseitige Einflüsse verspätet geschahen und die Gipfellinie der nationalen Literaturen erst den Augen der Nachkommen, nicht schon denen der Zeitgenossen deutlich wurde.

Heute dagegen besteht zwischen den Schriftstellern eines Landes und den Lesern eines anderen eine wenn auch nicht sofortige, so doch nahezu gleichzeitige Wechselwirkung. Ich selbst habe das an mir erfahren.

Meine leider nicht in meinem Heimatland gedruckten Bücher haben, ungeachtet der übereilten und oft schlechten Übersetzungen, schnell aufnahmefähige Leser in aller Welt

тическим разбором их занялись такие выдающиеся писатели Запада как Генрих Бёлль. Все эти последние годы, когда моя работа и свобода не рухнули, держались против законов тяжести как будто в воздухе, как будто НИ НА ЧЁМ — на невидимом, немом натяге сочувственной общественной плёнки, — я с благодарною теплотой, совсем неожиданно для себя узнал поддержку и мирового братства писателей. В день моего 50-летия я изумлен был, получив поздравления от известных европейских писателей. Никакое давление на меня не стало проходить незамеченным. В опасные для меня недели исключения из писательского союза СТЕНА ЗАЩИТЫ, выдвинутая видными писателями мира, предохранила меня от худших гонений, а норвежские писатели и художники на случай грозившего мне изгнания с родины гостеприимно готовили мне кров. Наконец, и само выдвижение меня на Нобелевскую премию возбуждено не в той стране, где я живу и пишу, но — Франсуа Мориаком и его коллегами. И, еще позже того, целые национальные писательские объединения
58 выразили поддержку мне.

59 Так я понял и ощутил на себе: мировая

gefunden. Ihre kritische Besprechung haben sich so bedeutende Autoren des Westens vorgenommen wie Heinrich Böll. In diesen letzten Jahren, in denen meine Arbeit und meine Freiheit vor dem Zusammenbruch bewahrt blieben, sich entgegen dem Gesetz der Schwerkraft irgendwie in der Luft halten konnten, *wie schwebend* – auf einem unsichtbar und unhörbar ausgespannten Film gemeinschaftlichen Mitempfindens – habe ich mit dankbarer Wärme eine ganz unerwartete Unterstützung und Welt-Brüderlichkeit der Schriftsteller erlebt. An meinem fünfzigsten Geburtstag war ich überrascht, Glückwünsche von bekannten europäischen Autoren zu erhalten. Keine mir widerfahrene Bedrückung war unbemerkt geblieben. In den für mich gefährlichen Wochen, als ich aus dem Schriftstellerverband ausgeschlossen wurde, hat mich die von angesehenen Autoren der Welt aufgerichtete *Schutzmauer* vor den schlimmsten Verfolgungen behütet, und norwegische Schriftsteller und Künstler haben mir Obdach angeboten für den Fall der drohenden Ausweisung aus der Heimat.

Schließlich ist auch meine Kandidatur für den Nobelpreis nicht von dem Lande eingereicht worden, in dem ich lebe und schreibe, sondern von François Mauriac und seinen Kollegen. Auch in der Zeit danach haben ganze nationale Schriftstellerverbände mich ihrer Unterstützung versichert.

So habe ich begriffen und an mir selbst empfunden:

литература — уже не отвлеченная огибающая, уже не обобщение, созданное литературоведами, но некое общее тело и общий дух, живое сердечное единство, в котором отражается растущее духовное единство человечества. Еще багровеют государственные границы, накаленные проволокою под током и автоматными очередями, еще иные министерства внутренних дел полагают, что и литература — «внутреннее дело» подведомственных им стран, еще выставляются газетные заголовки: «не их право вмешиваться в наши внутренние дела!», — а между тем ВНУТРЕННИХ ДЕЛ вообще не осталось на нашей тесной Земле! И спасение человечества только в том, чтобы всем было дело до всего: людям Востока было бы сплошь небезразлично, что думают на Западе; людям Запада — сплошь небезразлично, что совершается на Востоке. И художественная литература — из тончайших, отзывчивейших инструментов человеческого существа, одна из первых уже переняла, усвоила, подхватила это чувство растущего единства человечества. И вот я уверенно обращаюсь к мировой литературе сегодняшнего дня — к сотням друзей, которых ни разу не встре-

die Weltliteratur ist kein abgeleitetes allumfassendes Schema, kein von Literaturhistorikern ersonnener Sammelbegriff, sondern sie ist so etwas wie ein gemeinsamer Leib und ein gemeinsamer Geist, eine lebendige herzliche Einheit, in der sich die fortschreitende geistige Einigung der Menschheit abzeichnet.

Noch immer erscheinen einige Staatsgrenzen rot glühend von stromgeladenen Drähten und Maschinengewehr-Garben, noch immer glauben einige Ministerien des Inneren, daß die Literatur eine «Angelegenheit des Inneren» der von ihnen regierten Länder sei, noch immer verkünden Schlagzeilen in Zeitungen: «Es ist nicht deren Aufgabe, sich in unsere inneren Angelegenheiten einzumischen!» – und dabei gibt es überhaupt keine *Angelegenheiten des Inneren* mehr auf unserer eng gewordenen Erde! Die Rettung der Menschheit besteht gerade darin, daß alles alle angeht: den Menschen im Osten sollte es durchaus nicht gleichgültig sein, was man im Westen denkt, und den Menschen im Westen durchaus nicht gleichgültig, was im Osten geschieht.

Die künstlerische Literatur, eines der feinsten, empfindlichsten Instrumente des menschlichen Wesens, hat als erste das Gespür für die wachsende Einigung der Menschheit gewonnen, angenommen, erfaßt. Und so wende ich mich zuversichtlich an die Weltliteratur der Gegenwart, an hunderte von Freunden, die ich noch

тил въявь и может быть никогда не увижу.

Друзья! А попробуем пособить мы, если мы чего-нибудь стоим! В своих странах, раздираемых разноголосицей партий, движений, каст и групп, кто же искони был силою не разъединяющей, но объединяющей? Таково по самой сути положение писателей: выразителей национального языка — главной скрепы нации, и самой земли, занимаемой народом, а в счастливых случаях и национальной души.

Я думаю, что мировой литературе подсилу в эти тревожные часы человечества помочь ему верно узнать самого себя вопреки тому, что внушается пристрастными людьми и партиями; перенести сгущенный опыт одних краев в другие, так чтобы перестало у нас двоиться и рябить в глазах, совместились бы деления шкал, и одни народы узнали бы верно и сжато истинную историю других с тою силой узнавания и болевого ощущения, как будто пережили ее сами, — и тем обережены бы были от запоздалых ошибок. А сами мы при этом быть может сумеем развить в себе и МИ-
62 РОВОЕ ЗРЕНИЕ: центром глаза, как и
63 каждый человек, видя близкое, краями

nie gesehen habe, und denen ich vielleicht nie begegnen werde.

Freunde! Versuchen wir zu helfen, wenn wir noch etwas wert sind! Wer war denn in allen unseren Ländern, die durch die Uneinigkeit der Parteien, Bewegungen, Kasten und Gruppen zerrissen sind, von jeher nicht die trennende, sondern die einigende Kraft? Das ist die Bestimmung der Schriftsteller: sie sind es, die der Sprache ihres Volkes Ausdruck geben — dem gültigen Inbegriff der Nation und selbst des Bodens, der von einem einheitlichen Volk bewohnt wird, im Glücksfall auch der nationalen Seele.

Ich meine, die Weltliteratur hat die Kraft, der Menschheit in dieser bedrohlichen Zeit zu helfen, sich selbst wahrhaft zu erkennen, entgegen dem, was ihr von voreingenommenen Menschen und Parteien eingeredet wird; die verdichtete Erfahrung der einen Länder auf die anderen zu übertragen, damit die Wertskalen aufhören, auseinander zu klaffen und uns vor den Augen zu flimmern, sondern sich decken, so daß die Völker der einen Seite das wahre und wirkliche Geschehen auf der anderen kennenlernen mit der Kraft der Erkenntnis und der schmerzhaften Empfindung eigenen Erlebens, und daß sie dadurch gefeit werden gegen verspätete Fehler. Wir selbst könnten dabei vielleicht eine *Weltsicht* entwickeln: Während wir mit dem Augenzentrum, wie jeder Mensch, das Nahe sehen, könnten wir beginnen, mit dem Augenrand das aufzunehmen,

глаза начнем вбирать и то, что делается в остальном мире. И соотнесем, и соблюдем мировые пропорции.

И кому же, как не писателям, высказать порицание не только своим неудачным правителям (в иных государствах это самый легкий хлеб, этим занят всякий, кому не лень), но — и своему обществу, в его ли трусливом унижении или в самодовольной слабости, но — и легковесным броскам молодежи, и юным пиратам с замахнутыми ножами?

Скажут нам: чтó ж может литература против безжалостного натиска открытого насилия? А: не забудем, что насилие не живет одно и не способно жить одно: оно непременно сплетено с ЛОЖЬЮ. Между ними самая родственная, самая природная глубокая связь: насилию нечем прикрыться, кроме лжи, а лжи нечем удержаться, кроме как насилием. Всякий, кто однажды провозгласил насилие своим МЕТОДОМ, неумолимо должен избрать ложь своим ПРИНЦИПОМ. Рождаясь, насилие действует открыто и даже гордится собой. Но едва оно укрепится, утвердится, — оно ощущает разрежение воздуха вокруг себя и не может существовать дальше иначе,

was sich in der übrigen Welt ereignet. Und so die Wechselbeziehungen und Proportionen dieser Welt im Blick zu haben.

Wem denn, wenn nicht den Schriftstellern, käme es zu, nicht nur ihre Regierungen zu kritisieren (in manchen Staaten ist dies das leichteste Brot, kann sich jeder damit befassen, der nicht zu träge ist),

sondern auch ihre Gesellschaft in ihrer ängstlichen Unterwürfigkeit oder ihrer selbstzufriedenen Schwachheit, auch die leichtfertige Brut der Jugend und die jugendlichen Piraten mit ihren gezückten Messern?

Man wird uns antworten: was vermag die Literatur gegen den unerbittlichen Druck der offenen Gewalt? Doch: vergessen wir nicht, daß es Gewalt für sich allein nicht gibt, daß sie nicht im Stande ist, allein zu existieren; sie ist in jedem Fall verflochten mit der *Lüge.* Zwischen ihnen beiden besteht eine enge verwandtschaftliche, ganz ihrer Natur gemäße tiefreichende Bindung: Die Gewalt kann sich nur mit der Lüge zudecken, und die Lüge kann sich nur mit Gewalt erhalten.

Jeder, der die Gewalt zu seiner *Methode* gemacht hat, muß zwangsläufig die Lüge zu seinem *Prinzip* erwählen. Die Gewalt wirkt im Augenblick der Geburt offen erkennbar, und sie tut es sogar mit Stolz. Aber sobald sie sich durchgesetzt hat, fühlt sie die Luft um sich dünner werden und kann nicht anders weiterbestehen als

как затуманиваясь в ложь, прикрываясь ее сладкоречием. Оно уже не всегда, не обязательно прямо душит глотку, чаще оно требует от подданных только присяги лжи, только соучастия во лжи.

И простой шаг простого мужественного человека: не участвовать во лжи, не поддерживать ложных действий! Пусть э т о приходит в мир и даже царит в мире — но не через меня. Писателям же и художникам доступно бóльшее: ПОБЕДИТЬ ЛОЖЬ! Уж в борьбе-то с ложью искусство всегда побеждало, всегда побеждает! — зримо, неопровержимо для всех! Против многого в мире может выстоять ложь — но только не против искусства!

А едва развеяна будет ложь — отвратительно откроется нагота насилия — и насилие дряхлое падет.

Вот почему я думаю, друзья, что мы способны помочь миру в его раскаленный час. Не отнекиваться безоружностью, не отдаваться беспечной жизни, — но выйти на бой!

В русском языке излюблены пословицы о ПРАВДЕ. Они настойчиво выражают немалый тяжелый народный опыт и иногда поразительно:

vernebelt durch die Lüge und verdeckt von deren Schönrederei. Sie würgt nicht immer, nicht unbedingt einfach die Kehle, öfter fordert sie von den Unterworfenen nur den Treueschwur auf die Lüge, nur die Teilnahme an der Lüge.

Es ist der einfache Schritt eines einfachen tapferen Mannes: sich nicht an der Lüge zu beteiligen, keine verlogenen Handlungen zu unterstützen! «Mag *dies* alles sich in der Welt ausbreiten, etwa gar die Welt beherrschen – aber nicht durch mich.»

Doch dem Schriftsteller und Künstler ist mehr erreichbar: der *Sieg über die Lüge!* Schon immer hat die Kunst im Kampf mit der Lüge gesiegt, und sie wird immer siegen – sichtbar, überzeugend für alle. Gegen vieles in der Welt vermag die Lüge aufzutreten, nur nicht gegen die Kunst.

Sobald die Lüge zerstoben ist, wird die Nacktheit der Gewalt widerlich sichtbar werden, wird die welke Gewalt zusammenfallen.

Das ist es, Freunde, warum ich glaube, daß wir imstande sind, der Welt zu helfen in ihrer glutheißen Stunde. Wir wollen nicht Waffenlosigkeit vorschützen und uns nicht der Sorglosigkeit hingeben – sondern uns zum Kampf stellen!

Die russische Sprache liebt Sprichwörter über die *Wahrheit*. Sie geben mit Nachdruck die nicht geringen, die schweren Lebenserfahrungen des Volkes wieder, manchmal in verblüffender Weise:

ОДНО СЛОВО ПРАВДЫ
ВЕСЬ МИР ПЕРЕТЯНЕТ.

Вот на таком мнимо-фантастическом нарушении закона сохранения масс энергий основана и моя собственная деятельность, и мой призыв к писателям всего мира.

Ein einziges Wort der Wahrheit
kann die ganze Welt aufwiegen.

Auf dieser scheinbar phantastischen Verletzung des Gesetzes von der Erhaltung der Energie beruht auch meine eigene Arbeit und mein Appell an die Schriftsteller der ganzen Welt.

Von Alexander Solschenizyn sind im Deutschen Taschenbuch Verlag erschienen (einsprachig deutsch):

Ein Tag im Leben des Iwan Denissowitsch. dtv 751

Zwischenfall auf dem Bahnhof Kretschetowka. Erzählungen. dtv 857

In der Reihe dtv zweisprachig (russisch-deutsch): Die rechte Hand. Erzählungen (Die rechte Hand; Zachar-Kalitá; Die Osterprozession; Neun «Winzigkeiten»). dtv 9092

In der Reihe dtv zweisprachig sind folgende russisch-deutschen Bände erschienen:

Russische Sprichwörter. Illustriert. dtv 9015

Fjodor M. Dostojewskij: Drei Erzählungen (Der ehrliche Dieb; Weihnacht und Hochzeit; Akuljkas Mann). dtv 9054

Nikolai W. Gogol: Die zwei Geschichten des Küsters. Aus der Geschichtensammlung «Abende auf dem Vorwerk bei Dikanka». dtv 9037

Michail Sostschenko: Qualitätsware. Neun Prosa-Satiren aus dem sowjetrussischen Alltag. dtv 9069

Jewgenij Tscharuschin: Vater-und-Sohn-Geschichten. dtv 9089

Anton Tschechow: Lustige Geschichten. Zwölf kurze Erzählungen. Illustriert. dtv 9026

Iwan Turgenjew: Ach ihr meine Kinderchen. Zwei Erzählungen. dtv 9079

Stand vom Frühjahr 1974. Die Reihe wird fortgesetzt.

Außer der Konstellation russisch-deutsch gibt es in der Reihe dtv zweisprachig die Konstellationen englisch-deutsch, französisch-deutsch, spanisch-deutsch und italienisch-deutsch.